¡SALUDOS!

A guide to letter-writing in Spanish

C. A. MANNION WATSON

Head of Modern Languages
Tormead School, Guildford

Nelson

Thomas Nelson and Sons Ltd
Nelson House   Mayfield Road
Walton-on-Thames   Surrey
KT12 5PL   UK

51 York Place
Edinburgh
EH1 3JD   UK

Thomas Nelson (Hong Kong) Ltd
Toppan Building 10/F
22A Westlands Road
Quarry Bay   Hong Kong

Thomas Nelson Australia
102 Dodds Street
South Melbourne   Victoria 3205
Australia

Nelson Canada
1120 Birchmount Road
Scarborough   Ontario
M1K 5G4   Canada

© C A Mannion Watson 1982

First published by E J Arnold and Son Ltd 1982
ISBN 0-560-02729-X
This edition published by Thomas Nelson & Sons Ltd 1993

ISBN 0-17-439474-8
NPN 9 8 7 6 5 4 3

Printed in Hong Kong

Introduction

The main purpose of this book is to provide guidelines for those pupils wishing to correspond with a Spanish penfriend or exchange partner, and to give assistance to those preparing for letter-writing questions in examinations. Although the central theme of the book is correspondence, many of the topics covered should also provide useful vocabulary for other areas of a GCSE or Standard Grade examination syllabus, and in particular oral work. Its use need not be limited to people of school age; the information on formal letter-writing should be of value to anyone needing to write to Spain on business, apply for a job or book their holidays.

Each unit has been divided into four sections. The first provides a model letter with an introduction in English and notes, where necessary, drawing attention to such details as layout and forms of address. Each letter is restricted to one main topic, and the second section contains exploitation of vocabulary, simple grammatical points and background material. The third section is devoted to constructions which usually cause difficulty to English-speaking students and provides drills and exercises on these points. The last section gives practice in writing letters on the subject covered by the unit. The final unit provides a selection of questions from past papers to enable pupils to prepare for examination questions.

Acknowledgements

I should like to express my gratitude to those friends and colleagues who have helped during the preparation of this book, in particular Rhian Owen and Salvador Bermejo Ramos, and also to my pupils past and present whose work has been a source of inspiration. My thanks are also due to Rachel Rendell for so kindly typing the manuscript. Finally I am grateful to the Examining Boards for their permission to use certain questions from past papers.

Contents

REFERENCE TABLE

The following table will help you to write letters correctly in Spanish. Once you have decided which kind of letter you are writing, use the information on the appropriate line. Remember to be consistent about using the polite or the familiar form for "you".

TYPE OF LETTER	BEGINNING	ENDING	you (subject)	you (direct object)	you (indirect object)	your	command
INFORMAL one person	*Querido Jaime* *Querida Ana*	*Saludos* *Un abrazo de* *Hasta pronto*	*tú*	*te*	*te*	*tu/tus*	*escribe*
INFORMAL two people	*Queridos Juan y Antonio* *Queridos Susana y Ramón* *Queridas Isabel y Carmen*	*Saludos* *Un abrazo de* *Hasta pronto*	*vosotros* *vosotras*	*os*	*os*	*vuestro* *vuestra* *vuestros* *vuestras*	*escribid*
FORMAL one person	*Muy señor mío* *Muy señora mía*	*Le saluda atentamente* *La saluda atentamente*	*usted*	*le* *la*	*le*	*su/sus*	*escriba*
FORMAL two people	*Muy señores míos* *Muy señoras mías*	*Les saluda atentamente* *Las saluda atentamente*	*ustedes*	*les* *las*	*les*	*su/sus*	*escriban*

INFORMAL LETTERS

Introducing yourself and your family

Here is an example of the kind of letter you could send when writing to your penfriend for the first time. In it you say where you got his/her address, describe yourself and your family and where you live.

Chester, 12 de julio

Querido Pablo:
Vi sus señas en una revista y me gustaría ser su correspondiente. Yo le escribiré en español y usted me escribirá en inglés ¿ de acuerdo? ¿Puede usted corregir mis errores por favor?

Ahora le voy a decir un poco sobre mi familia. Mi padre es abogado, trabaja en un pequeño despacho en el centro de Chester. ¿ Sabe dónde está Chester? Pues, está en el noroeste de Inglaterra cerca de la frontera con el País de Gales. Mi madre es ama de casa pero también trabaja de secretaria, pero sólo por las mañanas.

Tengo dos hermanas y un hermano. Mi hermana mayor, Margaret tiene vientidós años y está casada. Mi hermana menor tiene doce años y se llama Penny. Mi hermano es más viejo que yo y tiene diecinueve años, estudia para ser ingeniero. En cuanto a mí, tengo quince años y todavía voy al instituto ¿Tiene usted hermanos?

Bueno, ya tiene una descripción breve de mi familia. Escríbame pronto para decirme cómo es su familia.
Le saluda afectuosamente
Su amigo
Brian

Points to notice:

1 You should only put the town at the top of the letter. The sender's name and address is written on the back of the envelope after the word *Remite* (usually abbreviated to *Rte*) eg *Rte Juan Silva, Reyes Católicos, 16, Valladolid.*
2 The date appears after the town name, usually on the same line, and is written: number + *de* + month. Remember, months of the year are written with small letters.
3 The person's name is written on the left-hand side of the page, as in English letters.
4 You use *Querido* when writing to a boy and *Querida* when writing to a girl.
5 You use a colon rather than a comma after the name of the person to whom you are writing.
6 It is best to use *usted* when writing to someone for the first time.

A I *When you write to introduce yourself you may find some of the following vocabulary useful:*

vivo (en)	— *I live (in)*
una ciudad	— *a city*
un pueblo	— *small town, village*
en las afueras de	— *in the suburbs/outskirts of*
en el centro de	— *in the centre of*
en el norte/sur/oeste/ este de	— *in the north/south/west/ east of*
en el noroeste/sudeste de	— *in the north-west/ south-east of*
mayor	— *older*
menor	— *younger*
muerto/a	— *dead*
un viudo	— *a widower*
una viuda	— *a widow*
divorciado/a	— *divorced*
los hermanos	— *brothers and sisters, brothers*
una revista	— *a magazine*
una organización	— *an organisation*

II *Use the following information to work out how to describe your family:*

Tengo	un una dos dos	hermano hermana hermanos hermanas
No tengo		hermanos hermanas

B I *You will have noticed from the letter that when you give your age, you use the verb* tener:

Tengo catorce años — *I am fourteen*

The following expressions are also formed with tener:

tener calor/frío	— *to be hot/cold*
tener hambre/sed	— *to be hungry/thirsty*
tener razón	— *to be right*
tener sueño	— *to be sleepy*
tener miedo de	— *to be afraid of*
tener ganas de	— *to feel like*
tener una cita	— *to have a date*
tener prisa	— *to be in a hurry*

Now complete the blanks with one of the phrases from the list:

Voy a ponerme un suéter porque . . .
Voy a ponerme un suéter porque tengo frío.

1 Voy a acostarme porque . . .
2 Va a quitarse la chaqueta porque . . .
3 Van a tomar una cerveza porque . . .
4 No puedo detenerme porque . . .
5 Entran en el restaurante porque . . .
6 Vamos a la piscina porque . . . de bañarnos.
7 Pepe va a encontrarse con María delante del cine porque . . . con ella.
8 Va a ponerse un abrigo porque . . .
9 Cuando vemos los toros nos echamos a correr porque . . . ellos.
10 Si digo que Barcelona está en el nordeste de España . . .

II *Notice that when you are describing someone's profession you do not use* un *or* una:

Mi hermano es estudiante
Mi madre es secretaria

Look at the following list of people and occupations, and select one item from each column to make five sentences similar to the example:

Mi abuelo es profesor

Mi padre	médico
Mi madre	azafata
Mi abuelo	dependiente/a
Mi abuela	enfermero/a
Mi hermano	obrero/a
Mi hermana	profesor/a

Mi amigo	abogado
Mi primo	empleado/a
	público/a
Mi tío	ama de casa
Mi tía	agricultor/a

III *Look at the letter and see how you say that someone is older than you. You will notice that you say:*

Mi hermano es *más* viejo *que* yo.

How would you say:

1 My brother is more intelligent than I.
2 My sister is taller than my mother.
3 My father is slimmer than my uncle.
4 My grandparents are fatter than my parents.
5 The film is more interesting than the novel.

Notice that if you want to say 'older', you can say mayor *instead of* más viejo *and you can use* menor *instead of* más joven *to say 'younger'.*

C I *Can you answer the following questions from your penfriend's letter?*
1 ¿ Dónde vive?
2 ¿ Cuántos años tiene?
3 ¿ Tiene hermanos?
4 ¿ En qué trabaja su padre?
5 ¿ Trabaja su madre?

II *Now try and ask your penfriend the following questions:*
1 Ask where his/her older sister works.
2 Ask how old his/her brother is.
3 Ask if his/her younger sister goes to work.
4 Ask where his/her family lives.
5 Ask what his/her mother does.

III *Now write a short letter to your penfriend and include the following points:*
1 Say your teacher gave you his name and address.
2 Say you would like to be his penfriend.
3 Describe your family and say what they do.
4 Briefly describe yourself and say where you live.
5 End the letter in a suitable way.

Todos somos distintos en mi familia.

Describing the town or village where you live

This letter shows you how to ask how someone is and to describe the town or village where you live.

Birmingham, 6 de febrero

Querida Ana: ¿Qué tal? Yo estoy muy bien, pero mi hermano está constipado visto que hace muy mal tiempo. ¿Qué tiempo hace en Madrid?

Me has pedido información sobre la ciudad donde vivo. Pues aquí la tienes: Birmingham es muy grande, tiene un millón de habitantes más o menos. Está en el centro del país y hay muy buenas comunicaciones con Londres y otras ciudades importantes. En el centro hay una estación de ferrocarril y una estación de autobuses y también hay un aeropuerto en las afueras.

Es un gran centro comercial y hay muchas tiendas y oficinas. Los edificios más impresionantes de la cuidad son la catedral, el Ayuntamiento que contiene una sala de conciertos y la nueva biblioteca. También hay dos universidades y un museo. La atracción más nueva de la cuidad es la Sala de Exposiciones a unas diez millas del centro.

Hay muchas distracciones sobre todo cines, discotecas, muchos "pubs" y un teatro nuevo. En los alrededores de la ciudad hay muchos sitios de interés. Stratford, el lugar de nacimiento de Shakespeare está a veintiuna millas de la ciudad. Es un pueblo muy bonito con un río pintoresco, el teatro famoso y muchos edificios históricos.

Te mando una postal de Birmingham y otra de Stratford. Sin más por el momento.

Un abrazo de

Suzanne

Points to notice:

1. Once you know your penfriend you would probably start to call one another *tú* rather than *usted*.
2. To ask how someone is you say: *¿Qué tal?* You can also say *¿Cómo estás?*
3. This letter uses a different way of signing off.

No pasa nada en mi pueblo.

en las montañas	— in the mountains
en el campo	— in the country
a orillas del mar	— by the sea
en la costa	— on the coast
en el río Avon	— on the Avon

B *If you want to single a person or place out as being the most important, interesting etc in a group, city etc, then you must use* de *to translate 'in':*

El edificio más impresionante de la ciudad.
El chico más inteligente de la clase.
El río más largo del país.

Make up similar sentences using the following groups of words as in the example:

el hijo   simpático   la familia
Es el hijo más simpático de la familia.

1	La niña	pequeño	la clase
2	El libro	caro	la librería
3	El soldado	valiente	el ejército
4	La casa	antiguo	el pueblo
5	Los niños	listo	el colegio

C I *Can you answer the following questions which your penfriend has asked in a recent letter?*

1   ¿Cuántos habitantes hay en tu ciudad/pueblo?
2   ¿Dónde está tu pueblo/ciudad?
3   ¿Cuáles son los edificios más impresionantes de tu pueblo/ciudad?
4   ¿Qué distracciones hay?
5   ¿Qué sitios de interés hay en los alrededores de tu ciudad/pueblo?

II *Now write a letter to your penfriend which includes the following information:*

1   Ask how he/she is.
2   Comment on the weather.
3   Give a brief description of the town or village where you live.
4   Say you enclose some photographs of the town/village.
5   Sign off in a suitable way.

A I *Here is some of the vocabulary you may need when describing the town or village where you live:*

el Ayuntamiento	— the town-hall
Correos	— the post-office
la estación de ferrocarril	— the railway station
un aeropuerto	— an airport
un parque zoológico	— a zoo
un teatro	— a theatre
un cine	— a cinema
una sala de fiestas	— a nightclub
un estadio de fútbol	— a football ground
un campo de deportes	— a sports ground
una piscina	— a swimming pool
una iglesia	— a church

II *Notice that when you are saying how far one place is from another, you must use* a *before expressing the distance:*

a cincuenta kilómetros de Barcelona
a ocho millas de Manchester

III *The following phrases might help you to describe where your town or village is situated:*

Describing your home

Taunton, 25 de abril

Querido Pepe:
Gracias por tu última carta que recibí la semana pasada. Era muy interesante. Dices que quieres saber algo de mi casa. Bueno, pues vivimos en una casa bastante antigua en las afueras de Taunton. ¿Sabes dónde está Taunton? Está en el sudoeste de Inglaterra. ¿Lo puedes encontrar en el mapa que te mandé? Llevamos cinco años en este pueblo. Mi casa no es muy grande, tiene siete cuartos — cocina, comedor, cuarto de estar, cuarto de baño y tres dormitorios. Mi dormitorio es pequeño pero muy bonito y da a la calle. Detrás de la casa hay un jardín con flores, árboles y un césped. Te mando una foto del jardín que saqué el verano pasado.
No te olvides de escribirme pronto.
Recuerdos a tus padres.
Un abrazo muy fuerte

Michael

Points to notice:
1 To say 'thank you' for something you use *gracias por*.
2 A way of sending your regards to someone is to say *recuerdos a* followed by the person's name.

A I *Which of the following describes where your home is?*

En un pueblo/en una gran ciudad/en las afueras de la ciudad/en el centro de la ciudad/en el campo.

II *In which of the following do you live?*

Un piso/un apartamento/una casa de dos pisos/un chalet/una alquería/una casita de campo.

III *The verb* llevar *can be used in the Present Tense to say how long someone has been somewhere or how long he/she has been doing something:*

Llevamos cinco años en esta casa.
Mi padre lleva diez años trabajando en Londres.
¿Llevas mucho tiempo aquí?

B *You will have noticed from the letter that there are two verbs 'to be'. The verb* estar *is used to indicate position, and to describe the state something/someone is in:*

Valencia está en España.
Mi casa está en el centro del pueblo.
Marta está triste.
La tienda está cerrada.

Ser *is used to describe distinctive features of people or objects and to say what or who they are:*

Mi madre es ama de casa.
Mi casa es moderna.
Mis hermanos son altos.
Este lápiz es azul.

Look at the following sentences and see if you can complete the gaps with the appropriate part of ser *or* estar *in the Present Tense, whichever is correct:*

1 Mi casa . . . en el campo.
2 Mis padres . . . inteligentes.
3 Luis . . . simpático.
4 El museo . . . muy antiguo.
5 Pilar . . . enferma hoy.
6 Los bancos . . . cerrados los domingos.
7 Karl . . . alemán.
8 El cine . . . al lado de la iglesia.
9 Hoy no hace sol, el agua en la piscina . . . fría.
10 Rocío y yo . . . españolas.

C I *How would you say you are sending the following things to your penfriend?*

1 A postcard
2 A photograph of your family
3 A photograph of your house
4 A plan of your town
5 A map of England

II *Imagine you have received the following letter from your penfriend. How would you reply?*

Gerona, 2 de mayo

Querida Sharon:

¿Qué tal? Gracias por tu carta en la que describiste tu familia. En tu próxima carta dime cómo es tu casa y ¿ puedes mandarme una foto tuya?

Hoy hace muy buen tiempo aquí y esta tarde voy a bañarme en la piscina al aire libre en el centro de Gerona. ¿Qué tiempo hace en Bristol? Nunca hace mucho sol en Inglaterra ¿ verdad?

Sin más que decirte. Hasta pronto.
Un abrazo de
Carmen

Vivo en una casa pequeña en el campo.

Peterborough, 16 de agosto

Querida Isabel:
Gracias por la postal que me mandaste desde Málaga. Parece una ciudad muy bonita. En mi última carta prometí hablar un poco de mis pasatiempos.

Mi pasatiempo favorito es el tenis y en verano juego mucho con mis amigas. Afortunadamente hay unas pistas de tenis cerca de mi casa. También me gusta la natación. ¿Practicas tú muchos deportes?

Desde luego cuando llueve no puedo jugar al tenis y tengo que quedarme en casa, oyendo discos o viendo la televisión. Me gustan más los dibujos animados y los folletines. No tengo una colección muy grande de discos pero muchas veces voy a casa de mis amigas y oigo los suyos.

Los sábados salgo con mis amigas. Vamos al cine si hay una película interesante o algunas veces vamos a una discoteca. ¿Qué clase de música te gusta? A mí me gusta la música clásica pero prefiero la música moderna. Me gustaría aprender a tocar el piano pero cuestan mucho las clases. ¿Sabes tocar algún instrumento?

En tu próxima carta cuéntame lo que te gusta hacer en tus ratos libres.
Hasta pronto

Jane

Notice there is another way of signing off.

A I *Here is some vocabulary which might be useful when describing your hobbies:*

me gusta más ⎱ prefiero	— *I prefer*
me interesa(n)	— *I am interested in*
los ratos libres	— *spare time*
los deportes	— *sports*
el tenis	— *tennis*
el fútbol	— *football*
la natación	— *swimming*
jugar al fútbol/tenis	— *to play football/tennis*
un programa	— *a programme*
una película	— *a film*
un folletín	— *a serial*
los dibujos animados	— *cartoons*
en la televisión	— *on TV*
en la radio	— *on the radio*
escuchar la radio	— *to listen to the radio*
ver la televisión	— *to watch television*
oír discos	— *to listen to records*

la música moderna	— *pop music*
la música clásica	— *classical music*
ir al cine	— *to go to the cinema*
ir al parque	— *to go to the park*
ir al teatro	— *to go to the theatre*
ir al centro	— *to go to town*
ir a una discoteca	— *to go to a disco*
tocar la guitarra	— *to play the guitar*
tocar el piano	— *to play the piano*

II *There are two verbs 'to play'. If you are playing a game you use* jugar:

jugar al fútbol
jugar a la pelota
jugar a los boliches
jugar a las damas

but if you are playing an instrument then you use tocar:

tocar el piano
tocar la guitarra

B I *The verb 'to like' in Spanish is* gustar. *Look at the way it is used in the following examples:*

Me gusta ir al cine.
Me gusta el fútbol.
Me gustan los caramelos.
¿Te gusta este perfume?
A Manuel le gustan estos discos.
¿Os gustaría ir a la piscina?

You will notice that it is only used in the third person, and that it is singular when someone likes one thing and plural when he/she likes more than one thing. You probably also realized that it is accompanied by the appropriate indirect object pronoun to indicate who it is that likes something. Now look at the following sentences and fill in the gaps with the correct part of the Present Tense of gustar, *and the appropriate object pronoun:*

1 A Pedro . . . . . . el vino tinto.
2 A mí no . . . . . . los dibujos animados.
3 ¿Por qué no vienes al cine con nosotros? . . . las películas de James Bond ¿verdad?

4 A mis hermanos . . . . . . este disco.
5 María y yo no vamos al concierto. No . . . . . . la música clásica.
6 ¿A usted . . . . . . ir al teatro?
7 Oye, Alonso ¿. . . . . . esos zapatos?
8 A ustedes no . . . . . . el café ¿verdad?

II *If you want to say you 'can' do something in Spanish, you must think carefully about which verb to use. If you mean 'to know how to do something' you use* saber:

¿Sabes tocar la flauta?
No sé jugar al ajedrez.

but if you mean 'to be able to do something', then you should use poder:

No puedo salir hoy.
  I can't go out today.
¿Puedes venir mañana?
  Can you come tomorrow?

In the following sentences the verb has been left out. Can you fill in the gaps with the correct part of saber *or* poder *(whichever is most likely)?*

1 Los chicos no . . . jugar al tenis porque está lloviendo.
2 ¿. . . usted ayudarme?
3 ¿. . . ustedes decirme donde está Correos?
4 Paloma sólo tiene tres años todavía no . . . leer.
5 Rosario y yo . . . nadar pero hoy no . . . ir a la piscina porque las dos estamos constipadas.
6 Oye, Pepe ¿. . . leer el inglés?

C I *Write a reply to Mercedes which includes the answers to the following questions:*

1 ¿Qué te gusta hacer los domingos?
2 ¿Cuál es tu programa favorito en la televisión?
3 ¿Sabes patinar?
4 ¿Practicas algún deporte?
5 ¿Puedes venir a España este año?

II *Now write a letter to Salvador describing your interests. Include what you like doing in the evenings and at weekends and ask him what hobbies he enjoys most.*

13

Describing your school

This letter shows you how to describe your school and say what subjects you study there.

Shrewsbury, 29 de octubre

Querido Julio: Siento no haberte escrito antes pero he tenido muchos deberes. Ahora tenemos una semana de vacaciones que se llama "half-term" porque estamos a mediados del trimestre.

Me has hecho varias preguntas sobre mi instituto así que voy a tratar de describirlo un poco. Empecé mis estudios secundarios a los once años y estoy en el cuarto curso. El año que viene tengo que aprobar unos exámenes importantes ("O levels" y CSE). ¿A qué edad se presentan para los exámenes en España? Estudio muchas asignaturas: inglés (lengua), francés, español, geografía, historia, dibujo, ciencias y matemáticas. No me gustan las matemáticas porque son muy difíciles pero tengo que hacerlas porque son obligatorias. Me gustan más los idiomas y quisiera seguir estudiándolos después de los "O levels" si saco buenas notas.

En mi clase hay veintinueve alumnos —

quince chicos y catorce chicas. Todas las clases duran cuarenta minutos y tenemos ocho clases al día. Afortunadamente no hay clase los sábados.

Los edificios son bastante viejos pero hay muchas salas especiales para ciencias, costura, dibujo, economía doméstica etc. Tenemos un campo de deportes donde jugamos al fútbol y muy cerca hay una piscina adonde vamos a nadar los jueves por la tarde.

Te mando un ejemplar de mi horario — trabajamos mucho ¿no?

Escríbeme pronto

Hasta la tuya

Robert

Points to notice:

1 To apologise for not having done something you say *siento no haber* followed by the past participle.

2 There is yet another way of signing off a letter to a friend.

A **I** *Here are some of the subjects which you may study at school:*

literatura	geografía
lengua	dibujo
inglés	costura
español	economía doméstica
alemán	trabajos manuales
francés	biología
latín	química
historia	física
música	matemáticas
educación física	

II *Which of the following best describes your school?*

un instituto (mixto/masculino/femenino),
un colegio privado, un internado, una escuela primaria

B **I** *A useful way of saying 'to continue doing something' is to use* seguir *followed by the present participle. Remember that if you use this construction with an object pronoun you will need to add an accent on the present participle. Try practising this point by making the following groups of words into sentences as in the example:*

Ver la película.
Quisiera seguir viéndola.

1 beber el vino
2 comer las fresas
3 mirar el partido
4 leer el libro
5 oír discos

II *You will have noticed in the letter that object pronouns used with the infinitive are often joined on the end of the infinitive to form one word. Don't forget that if you use this construction you will need to add an accent if you add more than one pronoun. Remember, indirect object pronouns always come before direct object pronouns:*

Tengo que hacerlas
but Voy a describírtelo

Look at the following sentences and try to rewrite them, replacing the nouns in italics by pronouns as in the example:

Voy a leer *la revista.*
Voy a leerla.

1 Quiero ver *el programa.*
2 Va a comprar *esos zapatos.*
3 ¿Vas a decirme *la verdad?*
4 Van a tomar *el desayuno.*
5 Prometió mandarle *un regalo.*
6 No quiero escribir *la carta.*
7 Voy a darles *unas flores.*
8 Van a mandar *una postal a Ignacio.*

C . *You receive the following letter from Beatriz. Write a suitable reply.*

Valladolid, 5 de setiembre

Querida Elizabeth:
         ¿Recibiste mi postal desde San Sebastián? Tenemos que volver al colegio a fines de este mes y este año tenemos las Reválidas, exámenes muy importantes. ¿Cuándo se presentan para los exámenes en Inglaterra? ¿Trabajas mucho? Nuestras clases duran una hora ¿y las tuyas? ¿Cuál de tus asignaturas te gusta más? Yo prefiero el dibujo porque el profesor es muy simpático. No me gusta nada la profesora de geografía; es muy severa y sus clases son aburridas. ¿Son severos tus profesores?
         ¿Cómo son los edificios de tu instituto? Los nuestros son muy viejos y muy feos. Bueno, tengo que terminar ahora porque prometí ayudar a mi madre a hacer las compras.
    Un abrazo de
      Beatriz

Thank you for the present

In this letter you thank your penfriend for a birthday present which she sent you.

Swansea, 4 de noviembre

Querida Milagros:
Estoy escribiendo para agradecerte el regalo que me mandaste para mi cumpleaños. Me gusta mucho la cartera y sin duda será muy útil. Me preguntaste qué otros regalos recibí. Pues, mis padres me dieron un vestido, mi hermano Kevin me dio un disco, y mi amiga, Alison, me regaló maquillaje. También recibí perfume, libros y dinero.
Lo pasé muy bien el día de mi cumpleaños. Por la tarde todos mis amigos vinieron a mi casa y mamá nos preparó una comida especial. Después, oímos discos y bailamos y todo el mundo se divirtió mucho. En tu próxima carta cuéntame lo que haces para celebrar tu cumpleaños. Saluda de mi parte a toda tu familia.
Tu amiga
Caroline

Points to notice:

1 In order to say 'I am writing to thank you', you should say *Estoy escribiendo para agradecerte.*
2 There is another way of sending your regards to the family.

A *Here is some vocabulary which you might need when writing about your birthday:*

celebrar	— to celebrate
un regalo	— a present
regalar	— to give (as a present)
una tarjeta	— a card
bonito	— nice
precioso	— lovely
útil	— useful
interesante	— interesting
pasarlo bien	— to have a good time
divertirse	— to enjoy yourself
salir	— to go out
una fiesta	— a party
un guateque	

B **I** *In order to thank someone for something in Spanish you can say* gracias por *or* te agradezco. *How would you thank someone for each of the following things?*

1 A book
2 Some photographs
3 A calendar
4 A postcard
5 A purse

II *You will have noticed in the letter the word* para *is used before the infinitive to express 'in order to', whereas in English it would usually be left out:*

Para celebrar mi cumpleaños fui al cine.
Estoy escribiendo para agradecerte.

How would you say the following?

1 I am going to town to do some shopping.
2 They went to the station to catch the train.
3 She is working hard to pass her exam.
4 I want to go to Spain to learn Spanish.
5 I've bought a new dress to go to the party.

III *You will also have noticed that both* para *and* por *are used to translate 'for'.* Para *is usually used to express purpose, destination or suitability:*

El tren salió para Toledo.
Para mi santo recibí un bolso.
Es un juego muy difícil para los niños pequeños.
Compré unas flores para mi madre.

whereas por *is used to express 'on behalf of' or 'exchange':*

Pagó doscientas libras por su moto.
He pagado la cuenta por mi amiga que está enferma y no puede salir.

These are only some of the uses of para *and* por. *You should look out for others when you read Spanish.*
Now look at the following sentences and fill in the gaps with either para *or* por:

1 Este libro es . . . mi hermano.
2 Cambió su bicicleta . . . una nueva.
3 ¿A qué hora sale el autobús . . . Alicante?
4 Esta lección es demasiado fácil . . . mis alumnos.
5 . . . mi cumpleaños recibí mucho dinero.

6 Durante la segunda guerra mundial muchos hombres murieron . . . su patria.
7 ¿Cuánto diste . . . ese viejo florero?
8 Salieron . . . la estación hace cinco minutos.
9 Estudian . . . los exámenes.
10 Es un problema bastante complicado . . . los científicos.

C *Now write a 'thank you' letter to Vicente:*

1 Ask how he is.
2 Thank him for the record he sent; say you like it very much.
3 Mention briefly some other presents you received.
4 Tell him what you did to celebrate your birthday.
5 Send your regards to his family.

Gracias por el suéter; me va muy bien.

Inverness, 13 de marzo

Querido Felipe:
Muchas gracias por tu amable invitación: me gustaría mucho veranear en España este año. Pienso llegar el 26 de julio y quedarme hasta el 18 de agosto ¿de acuerdo? Será mi primera visita a España y me dará mucho gusto visitar los lugares importantes de Castilla y conocer un poco la vida y las costumbres españolas.

Ayer fui a la agencia de viajes para arreglar el viaje. Visto que el trayecto en tren es muy largo, he decidido viajar en avión. Cuesta más pero es más rapido y más cómodo. Llegaré al aeropuerto de Barajas, ¿podrás ir a buscarme?

Escríbeme pronto para decirme si te convienen las fechas que he propuesto y así podré hacer una reservación para el vuelo. Espero la visita con mucha impaciencia sobre todo porque tendré la ocasión de conocer a tu familia. No olvides darles las gracias a tus padres de mi parte.

Saludos

Anthony

Notice another way of signing off.

7 Arranging to visit your penfriend in Spain

This letter shows you how to write to your penfriend and arrange a visit during the summer holidays.

A *Here are some words which might be useful when arranging to visit a friend:*

una invitación	— an invitation
convenir	— to suit
la fecha	— the date
la agencia de viajes	— the travel agency
reservar	— to book, reserve
una reservación	— a booking, reservation
arreglar	— to fix, arrange
un vuelo	— a flight
un viaje	— a journey
en barco	— by boat
en tren	— by train
en avión	— by air
el aeropuerto	— the airport
la estación	— the station
el puerto	— the port

B I *There are two verbs in Spanish meaning 'to know'. Conocer is used for knowing people and places, saber is used for knowing facts or how to do something:*

¿Conoces a María González?
No conozco Sevilla.

Sabes tocar el piano.
¿Sabes qué hora es?

Now look at the following sentences and fill in the gaps with the infinitive or the correct part of the Present Tense of saber or conocer, *according to sense:*

1 ¿. . . usted cuando sale el tren para Málaga?
2 Mis padres . . . a muchos españoles.
3 Pepe . . . Italia pero no . . . hablar italiano.
4 ¿. . . tú a esta chica?
5 Yo no . . . si Alicia ha llegado.
6 Me gustaría . . . Barcelona.
7 Jaime y Manuel . . . jugar al ajedrez.
8 Le gustaría . . . tocar la guitarra.

Estoy listo para mi viaje a España.

II *You will have noticed from the letter that if the direct object of a verb is a person or people, then the word* a *is inserted before mentioning the direct object. This construction is not used with* tener:

Me gustaría conocer a tu familia.
No he visto a Juanito.
but Tiene cinco hermanos.

Now rewrite the following sentences, inserting a *into the gaps where necessary:*

1 Quieren mucho . . . sus abuelos.
2 Nunca bebo . . . mucho vino.
3 Ayudo . . . mi madre muy a menudo.
4 ¿Conoces . . . el hermano de Jesús?
5 Tengo . . . muchos amigos.
6 Paco escribe . . . muchos ejercicios.
7 ¿Visitaste . . . muchos sitios de interés en Andalucía?
8 ¿Visitaste . . . Javier mientras estabas en Córdoba?

C *You have received the following letter from Ramón. Write a reply saying that you would be delighted to come:*

Granada, 8 de abril

Querido Alan:
        ¿Qué tal? ¿Tienes mucho trabajo en el instituto? Yo sí, porque tengo unos exámenes importantes en junio. Pero prefiero pensar en las vacaciones. ¿Tienes algún proyecto para este verano? ¿Te gustaría venir a visitarme en Granada? A mis padres les daría mucho gusto conocerte y podríamos llevarte a la Costa del Sol que no está lejos, y a los muchos sitios pintorescos de Andalucía. ¿Te interesa la idea?
        Si quieres venir, dime cómo y cuando vas a viajar.
        Escríbeme pronto.
                Un abrazo de
                Ramón

Arranging to meet your penfriend when he/she comes to visit

In this letter you arrange for your penfriend to visit you and give detailed instructions about where you are to meet.

Esher, 26 de junio

Querida Conchita:

Me dio mucho gusto recibir tu última carta y leer que podrás visitarme a fines de agosto. Visto que mi familia y yo vamos de vacaciones el 22 de agosto podrás acompañarnos a la costa. Espero que hará buen tiempo.

Cuando llegues a la estación de Euston, mi madre y yo te estaremos esperando a la barrera donde tendrás que entregar tu billete. Tenemos intención de llegar a eso de la una y media — tu tren llega a las dos menos veinte ¿verdad? Pero ya sabes como es el tráfico en las ciudades grandes. Si al llegar a la barrera no nos ves, espéranos cerca de la entrada. No sé si me vas a reconocer, soy un poco más alta que el año pasado. Sin nada más por ahora, espero tu visita con impaciencia. Buen viaje.

Hasta pronto

Monica

[handwritten annotation: will be waiting — hand over]

A I *The following time phrases might be helpful if you are writing to arrange a meeting with someone:*

a las ocho en punto	— at exactly 8 o'clock
a eso de las cinco	— at about 5 o'clock
a la una	— at 1 o'clock
a las cuatro y pico	— just after 4 o'clock
un poco antes de las tres	— just before 3 o'clock
a las nueve y cuarto de la mañana	— at 9.15 am
a las dos y media de la tarde	— at 2.30 pm
a las once menos diez de la noche	— at 10.50 pm

II *If you want to say 'to wait for' someone or something, all you need in Spanish is the verb* esperar:

Estoy esperando el tren de las ocho.
I am waiting for the 8 o'clock train.

Siempre espera a su novio delante del cine.
She always waits for her boyfriend in front of the cinema.

Similar verbs which do not require a preposition are:

pedir	— to ask for
buscar	— to look for
pagar	— to pay for
escuchar	— to listen to
mirar	— to look at

B I *You will have noticed from the letter that there are two ways of saying 'when you do something'. If the same person is the subject of both verbs in the sentence, you can use* al *followed by the infinitive of the appropriate verb:*

Al llegar a la barrera espéranos.
Al bajar del tren tendrás que entregar tu billete.

but if the verbs have different subjects, you must use cuando *followed by the subjunctive of the appropriate verb:*

Cuando llegues, yo te estaré esperando.

Look at the following sentences. In some of them you will be able to replace cuando *and the subjunctive by* al *and the infinitive. Can you work out which sentences can be changed and how to change them?*

1 Cuando salgas, ponte el abrigo. *(salir)*
2 Cuando venga María, podremos cenar. *(venir)*
3 Cuando vayas a España, mándame una postal. *(ir)*
4 Cuando hagas tus deberes, apagaré la televisión. *(hacer)*
5 Cuando lleguen, saldremos al jardín. *(arrive)*
6 Cuando comas esos caramelos, dame uno, por favor. *(eat)*
7 Cuando leas esta revista, podrás descansar en el salón. *(read)*
8 Cuando vayas a la fiesta, no bebas demasiado vino. *(go)*

II *Remember that there are four different command forms in Spanish. The following table should help you:*

verb	tú	vosotros	usted	ustedes
hablar	habla	hablad	hable	hablen
	no hables	no habléis	no hable	no hablen
comer	come	comed	coma	coman
	no comas	no comáis	no coma	no coman
abrir	abre	abrid	abra	abran
	no abras	no abráis	no abra	no abran
poner	pon	poned	ponga	pongan
	no pongas	no pongáis	no ponga	no pongan

The following verbs also have an irregular tú *command:*

salir	— *sal*	venir	— *ven*
tener	— *ten*	decir	— *di*
ir	— *ve*	hacer	— *haz*
ser	— *sé*		

Now give all the command forms of the following verbs:

1 beber   3 escribir   5 salir
2 mirar   4 oír   6 ir

(handwritten: tu bebe / Vd beba / vos bebed / beban *)*

III *If you need to use a pronoun with a positive command, remember to put it on the end of the verb. You will need to check whether doing this requires you to add an accent in order to help keep the stress in the original place:*

Espérame
Mírelo

but ponte
sacadlo
no lo hagas
no los coma

Now try and make each of the following phrases into a command as in the examples:

Usted espera el autobús.
Espérelo.

Tú no comes nunca los calamares.
No los comas nunca.

1 Usted no ve la película.
2 Tú bebes el vino.
3 Vosotros leéis las revistas.
4 Ustedes se ponen los zapatos.
5 Tú no escuchas la radio.
6 Vosotros hacéis los deberes.
7 Tú das el libro al niño.
8 Ustedes no cogen el tren.

C *Practise writing to José, giving him instructions about meeting you when he comes to stay in July:*

1 Say you were pleased to hear he can come.
2 Say that you and your father will be at the station to meet him.
3 Tell him where to wait if you are not there and say what time you hope to arrive.
4 Say you are looking forward to his visit and wish him a pleasant journey.

Thanking someone for their hospitality

In this letter you thank your penfriend's family for making your visit so pleasant and describe your journey home.

Slough, 30 de agosto

Querido Santiago:
Ya estoy de vuelta en Inglaterra y estoy escribiéndote para darte las gracias por haber hecho mi visita tan interesante y tan agradable. Ya conozco un poco la vida española. Me gustó mucho la cocina de tu madre y por eso mi madre va a tratar de hacer una paella valenciana. También me interesaron todas las excursiones que hicimos con tu padre sobre todo la visita de Toledo. Mis fotos de la catedral han salido muy bien — te voy a mandar unas. No olvides agradecerles a tus padres de mi parte.
Te voy a contar mi viaje de regreso. Afortunadamente no era demasiado aburrido. Después de decirte adiós en Barajas fui a la sala de espera antes de subir al avión. Allí me encontré con un grupo de chicas españolas que también iban a Londres. ¡Todas eran muy simpáticas y muy guapas!

A

Nos sentamos juntos en el avión y charlamos mucho, así que parecía que llegamos muy pronto a Londres. Acababa de pasar por la aduana cuando vi a mis padres que habían venido en coche a buscarme.
Al volver a casa le di a mi familia los regalos que había comprado en El Corte Inglés. Les gustaron mucho. A mi hermana pequeña le encantó la muñeca con traje de gitana.
Bueno, pues tengo que terminar ahora porque prometí ayudar a mi padre a lavar el coche. Gracias otra vez por todo.
Hasta la tuya

Andrew

Here is some of the vocabulary you might need when writing to thank someone for their kindness in looking after you during a visit to Spain:

dar las gracias a alguien por algo	— to thank someone for something
gracias por	— thank you for
una visita	— a visit
una excursión	— a trip
la cocina	— the cooking
visitar	— to visit

B **I** *If you look at the following sentence you will see that it contains an easy way of saying that, after doing something, the same person did something else:*

Después de decirte adiós fui a la sala de espera.

    After saying goodbye to you I went to the waiting room.

Now try using this construction by linking the following groups of sentences as in the example:

Salió del cine. Fue al restaurante.

Después de salir del cine fue al restaurante.

1 Se encontró con sus amigos. Entró en el bar.
2 Llegué a la estación. Saqué un billete.
3 Salimos de Madrid. Fuimos a Salamanca.
4 Te levantaste. Te lavaste.
5 Bebí la coca cola. Compré otra botella.

II *A similar construction exists with* antes de *but this time you are saying 'before doing something', the same person did something else:*

Fui a la sala de espera antes de subir al avión.

    I went to the waiting-room before getting on the plane.

Look at the following example and try linking the following pairs of sentences in a similar way:

Saqué un billete. Subí al tren.

Saqué un billete antes de subir al tren.

1 Puso la mesa. Empezó a comer la sopa.
2 Escuché la radio. Me acosté.
3 Tomamos la cena. Vimos la televisión.
4 Visitaron a sus amigos. Fueron al parque.
5 Se puso el abrigo. Salió a la calle.

III *If you want to say that you 'have just done' something, you use the Present Tense of* acabar *followed by* de *and the infinitive:*

Acabo de llegar.

    I have just arrived.

Acaban de salir.

    They have just gone out.

How would you say:

1 He has just come.
2 Have you just finished your homework?
3 I have just read this book.
4 We have just come in.
5 They have just left.

You would use the Imperfect Tense of acabar *if you wanted to say you 'had just done' something:*

Acababa de llegar cuando vi a mi amigo.

    I had just arrived when I saw my friend.

Now try saying the following:

1 We had just left when it began to rain.
2 I had just come in when the telephone rang.
3 They had just reached the station when the train left.
4 She had just gone into the cinema when she met her cousin.
5 You had just gone to bed when the programme started.

IV *Remember that when you are using a pronoun and a present participle, it is possible to put the pronoun on the end of the verb, but you must not forget to add the accent:*

Te estoy escribiendo.

or Estoy escribiéndote.

Now write the following phrases, putting the pronoun on the end of the verb as above:

1 Le está hablando.
2 Nos están mirando.
3 Les estamos escribiendo.
4 La estoy abriendo.
5 Lo estás comiendo.

C *Imagine that you have just spent three weeks with Fernando and his family. Write a suitable letter saying how much you enjoyed the visit and thanking them for everything. Briefly describe your journey home.*

Describing your holidays

Preston, 22 de julio

Querida Maruja: ¿Qué tal? ¿Recibiste mi postal desde Llandudno? ¿Sabes dónde está? Pues, está en la costa del País de Gales y acabamos de pasar ocho días de vacaciones allí. Fuimos en coche porque no está muy lejos.

Me divertí mucho y te voy a contar lo que hicimos. Llandudno es un lugar de veraneo bastante conocido en el noroeste de Inglaterra. Hay dos playas bonitas donde se puede bañar si no hace demasiado frío. Soy poco valiente y por eso no me atreví a nadar porque el agua no estaba muy caliente. Prefiero tomar el sol. Mis hermanos sin embargo se bañaron todos los días. Mi hermano menor, Steven también hizo castillos de arena. Algunas veces dimos un paseo en el "Great Orme" que es un acantilado que da al mar. Hay muchos hoteles en Llandudno y tuvimos suerte

porque el nuestro era muy cómodo. También hay muchas tiendas, lo que le gustó mucho a mi madre. Hicimos varias excursiones y la más interesante fue a Caernarfon donde hay un castillo magnífico.

También pasamos un día en la isla de Anglesey donde merendamos al aire libre.

Bueno, pues ya sabes cómo eran mis vacaciones. ¿Cuándo vas a Marbella? Mándame una tarjeta para mi colección.

Un abrazo de

Catherine

A I *One of the following phrases would probably be useful when describing how you travelled:*

en coche	— by car
en tren	— by train
en avión	— by plane
en barco	— by boat
en bicicleta	— by bike
en moto	— by motorbike
en taxi	— by taxi

II *Here are some descriptions of the weather which you might need when describing your holidays. Remember, though, that you would need a past tense if your holidays were over:*

Hace (mucho) frío/calor/ sol — *It's (very) cold/hot/ sunny*
Hace (muy) buen/ mal tiempo — *The weather is (very) nice/ bad*
Está nublado — *It is cloudy*
Llueve — *It rains*
Está lloviendo — *It is raining*
Nieva — *It snows*
Está nevando — *It is snowing*
Hay niebla/hielo — *It is foggy/icy*
Hay tempestades — *It is stormy*
Truena — *It is thundering*
Relampaguea — *It is lightening*

Hallamos una playa muy tranquila.

III *You would probably find the following vocabulary useful when describing your holiday:*

la playa — *the beach*
las rocas — *the rocks*
los acantilados — *the cliffs*
las conchas — *shells*
la arena — *the sand*
un puerto — *a port*
un faro — *a lighthouse*
una bahía — *a bay*
un parque zoológico — *a zoo*
un museo — *a museum*
un parque de atracciones — *a fairground*
una piscina — *a swimming pool*
un castillo — *a castle*
un lugar de veraneo — *a holiday resort*
un camping — *a campsite*
un hotel — *a hotel*
una pensión — *a boarding house*
una tienda — *a shop*
una caravana — *a caravan*
un turista — *a tourist*
un recuerdo — *a souvenir*
veranear — *to spend one's summer holidays*
bañarse — *to bathe*
nadar — *to swim*
tomar el sol — *to sunbathe*
ponerse moreno — *to go brown*
merendar (ie) — *to have a picnic/snack*
dar un paseo — *to go for a walk*
hacer una excursión — *to go for a trip*
sacar fotos — *to take photos*
ir de pesca — *to go fishing*
jugar al balón volea — *to play volley-ball*
hacer el esquí acuático — *to go water-skiing*

B I *You will have noticed that the verb* dar *was used in the expression* dar un paseo. *It is also used in the following expressions:*

dar una vuelta	— *to go for a stroll/trip*
dar a	— *to look out onto*
dar las gracias a	— *to thank*
dar los buenos días a	— *to say good morning to*
dar con	— *to bump into, come across*
dar de comer a	— *to feed (animals)*
dar la hora	— *to strike (the time)*
dio la una, dieron las seis	— *It struck one/six*

Now try filling in the gaps in the following sentences with a phrase from the above list in the appropriate person and tense:

1 Me gusta mi dormitorio porque . . . el jardín.
2 ¿Te gustaría . . . en coche antes de la cena?
3 Cuando entré . . . las ocho.
4 Cuando recibo un regalo de mis padres siempre les . . . .
5 Ayer . . . mi gato antes de salir.
6 El sábado pasado . . . mi tío en el mercado.
7 Vamos a . . . en el parque.
8 Cuando me levanto . . . mis padres.

II Se *is a very useful word in Spanish and can be used to mean many things. Look at the following examples:*

Se puede fumar en el cine.
  You can smoke in the cinema.

En Tenerife se habla español.
  Spanish is spoken in Tenerife.

Se cultivan las naranjas en Valencia.
  Oranges are grown in Valencia.

How would you say:

1 French is spoken in Belgium.
2 Wine is drunk with main meals in Spain.
3 You cannot go to Sweden without a passport.
4 Stamps are sold in tobacconists'.
5 Olives are grown in Andalucía.

C *Write a suitable reply to the following letter which you have just received from your penfriend:*

Lérida, 15 de agosto

Querido David:

  ¿Qué tal lo pasaste en la costa? ¿Adónde fuiste exactamente? ¿Qué se puede hacer para divertirse allí? En las playas españolas hay bares y restaurantes. ¿Es igual en Inglaterra? A mí, me gusta mucho nadar en el mar porque el agua siempre está caliente en verano. ¿A ti te gusta también?

  Este año veraneamos en Nerja, pueblo pequeño cerca de Málaga. Tenemos un apartamento allí. Hace muy buen tiempo y me baño todas las mañanas. Bueno, tengo que terminar ahora porque es la hora de cenar.

  Escríbeme pronto
  Saludos
    Luis

Wishing someone a happy Christmas and a happy New Year

In this letter you wish your penfriend and his family a happy Christmas and New Year. You also ask about Christmas celebrations in Spain and describe what your family does to celebrate.

Newcastle, 11 de diciembre

Querido Ignacio: Estoy escribiendo para desearos a todos felices Pascuas y próspero año nuevo. Te mando un crismas inglés, y un regalo, espero que te gusten. ¿Se dan regalos el día de Navidad en España?

¿Cuándo empiezan tus vacaciones? Las nuestras comienzan el día 22 y terminan el 7 de enero. ¿Cómo se celebra la Navidad en España? ¿Tenéis árboles de Navidad? Nosotros los decoramos con lucecillas y muchos adornos bonitos. El 24 de diciembre mi familia y yo vamos a la iglesia y cantamos villancicos. El día de Navidad nos damos regalos. Los niños pequeños creen que es el papá Noel el que los trae. A eso de la una y media comemos — pavo asado seguido del "Christmas pudding" tradicional. ¿Sabes lo que es? ¿Se toma algo especial en España? A la tarde comemos chocolate, bombones y nueces. ¡ Siempre engordo un poquito

después de tanto comer! Este año mis abuelos vienen a pasar la Navidad con nosotros. Creo que vamos a divertirnos mucho porque el abuelo es muy simpático y siempre está contando chistes.

¿Qué vas a hacer el 31 de diciembre? Yo voy a reunirme con algunos amigos y juntos festejaremos el año nuevo.

Escríbeme pronto y cuéntame cómo se celebra una Navidad típica en España. Saluda de mi parte a tu familia.

Un abrazo de

Kevin

A *Here are some useful ways of expressing wishes:*

¡ felices Pascuas!	— happy Christmas
¡ próspero año nuevo!	} — happy New Year
¡ feliz año nuevo!	
¡ cumpleaños feliz!	— happy birthday
¡ feliz santo!	— happy saint's day
¡ salud!	— good health
¡ enhorabuena!	— congratulations
¡ felicidades!	
¡ buena suerte!	— good luck
¡ buen viaje!	— have a good journey
¡ bienvenido!	— welcome

B *You will have noticed from the letter that* espero que, *meaning 'I hope (that)', is followed by the subjunctive when the verbs have different subjects:*

Espero que te gusten.
   I hope you like them.

How would you say:

1 I hope you are well.
2 I hope you can come.
3 I hope you like the postcard.
4 I hope you have a good time in Málaga.
5 I hope this letter arrives before Christmas.

C I *Your penfriend has sent a letter which includes the following questions. Write a suitable reply:*

1 ¿ Se dan regalos el 6 de enero en Inglaterra?
2 ¿ Qué se come el día de Navidad?
3 ¿ Vas a la iglesia el 24 de diciembre?
4 ¿ Como vas a festejar el año nuevo?

II *Now write a letter to Estrella and include the following points:*

1 Wish her a happy Christmas and New Year.
2 Say you hope she likes the calendar you are sending.
3 Ask what she does to celebrate Christmas.
4 Briefly describe what your family does to celebrate Christmas and New Year.

Me gusta cantar villancicos a Navidad.

Cancelling arrangements

In this letter you apologise to your penfriend for having to cancel your proposed visit to her family. You explain why you cannot come and say how disappointed you are.

Newport, 14 de marzo

Querida Francisca: ¿Qué tal?

Desafortunadamente tengo malas noticias. Mi abuela, la que vive en el norte de Escocia, está muy enferma y mi madre quiere que vaya a visitarla porque ella no puede dejar su trabajo en la oficina. Así que me da mucha pena tener que decirte que no podré ir a verte la semana que viene. Espero que no os moleste demasiado. ¿Me perdonas? Lo siento mucho porque esperaba la visita con impaciencia. Quizás podré ir el verano que viene, si te conviene. Por favor pide perdón a tu padres.

Te escribiré de nuevo desde Escocia.
Hasta entonces
tu amiga

Sarah

A *Here are some ways of apologizing which you might find useful:*

Lo siento	– *I'm sorry*
Lo siento mucho	– *I'm very sorry*
Perdón	– *Sorry! Excuse me!*
Perdóneme	
Me da mucha pena + infinitive	– *I'm sorry*
Siento mucho + infinitive	
Siento mucho no poder venir	– *I'm very sorry I can't come*
Me da mucha pena decir esto	– *I'm very sorry to say this*
Pedir perdón	– *to apologize*
Presentar sus excusas	

B *Look again at the sentence in the letter which says that Sarah's mother wanted her to do something. You will notice that the subjunctive is used for the second verb. This is always the case when two different people are involved:*

Quiero que vayas de compras.
  I want you to go shopping.

Quieren que venga María.
  They want Mary to come.

but Quiero salir.
  I want to go out.

How would you say:

1 They want us to go to the cinema with them.
2 I want you to help me.
3 We want them to work hard.
4 Do you want me to go out?
5 She wants her brother to do this.

C I *Write a letter to Tomás cancelling a visit you had arranged:*

1 Ask how he is.
2 Explain that your father is ill and say you are sorry you will not be able to visit him.
3 Say how disappointed you are.
4 Ask him to apologize to his parents and say you hope you aren't inconveniencing them too much.
5 Suggest another time when you could visit him if that suits him.
6 End the letter in a suitable way.

II *Imagine you are Francisca and you have just received Sarah's letter. Write a reply which includes the following points:*

1 Thank her for her letter.
2 Say that you are very sorry to hear that her grandmother is ill and that you hope she will soon be better.
3 Say that you are disappointed she cannot come as you were looking forward to her visit.
4 Say that she hasn't inconvenienced you and that she would be welcome next summer.

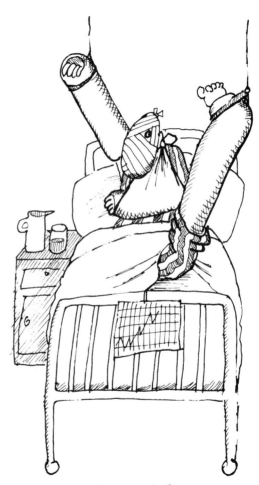

No sé si podré venir.

FORMAL LETTERS

Writing to a Tourist Office for information

Here is an example of a formal letter written to someone you do not know. You are writing to the Oficina de Información de Turismo *to request information about the place in which you hope to spend your holidays.*

Leeds, 20 de mayo de 1980

Oficina de Información de Turismo
Duque de Medinaceli, 2
MADRID 14

Muy señor mío:
    Quisiera veranear en España este año.
Mi familia y yo esperamos pasar unos días en
Madrid. Hágame el favor de mandarme la
información siguiente:
   — una lista de los hoteles principales
   — un plano de la ciudad
   — el libro de datos informativos
   Le saluda atentamente
   Su seguro servidor

Matthew Turner

Points to notice:

1 In a formal letter you put the name and address of the person to whom you are writing on the left hand side.
2 On the right hand side you put the town from which you are writing and the date.
3 The equivalent of 'Dear Sir' is *Muy señor mío*. If you wished to say 'Dear Madame' you would have to write *Muy señora mía*.
4 You sign off in the third person. Girls and women would write *Su segura servidora*.

31

A **I** *Spanish addresses are written with the street name before the number:*

Alcalá, 101
Ayala, 89

Quite frequently the words Avenida, Calle, Plaza *are left out altogether or abbreviated as follows:*

Avenida — Av
Plaza — Pl
Calle — C/

Av Ciudad de Barcelona, 72
Pl Santa Ana, 10
C/ Barquillo, 8

The postcode is written after the name of the town:
BARCELONA 14
MADRID 4

II *The following vocabulary may be useful when writing to a Tourist Office:*

(la) información	— *information*
reservar	— *to book, reserve*
un plano de la ciudad/del pueblo	— *a plan of the city/town*
una lista de hoteles	— *a list of hotels*
una lista de campings	— *a list of campsites*
el libro de datos informativos	— *the information booklet published by the Tourist Office in most towns containing useful addresses, lists of monuments, excursions etc.*

B **I** Quisiera *is used to say 'I should like' and can be followed by a noun or an infinitive. Practise saying that you would like the following things:*

1 a plan of Santander
2 a box of chocolates
3 an information booklet
4 to book a room
5 to watch TV

II Hágame el favor de, *followed by the infinitive, is a polite way of making a request:*

Hágame el favor de mandarme un plano de Málaga.
Please send me a plan of Málaga.

Practise using this construction to ask someone to do the following things:

1 Please give me a bus timetable.
2 Please tell me when the next train for Toledo leaves.
3 Please tell me where the Tourist Office is.
4 Please send me information about the Costa Brava.
5 Please give me a receipt.

C *Practise writing to a Tourist Office for information about your holidays:*

1 Say you hope to spend your holidays in Spain this year.
2 Say you would like to visit Granada.
3 Ask for a list of hotels and an information booklet.
4 End the letter in a suitable way.

CALENDARIO DE ACONTECIMIENTOS BARCELONESES

Enero. Continuación de la temporada de Opera en el Gran Teatro del Liceo.
Enero, 5. Cabalgata de los Reyes Magos.
Febrero. Salón de la Moda Española.
Marzo-Abril. Semana Santa.
Abril, 23. San Jorge. Concurso de Rosas. Fiesta del Libro.
Mayo. Temporada de Ballet en el Gran Teatro del Liceo.
Junio, 1-20. Feria Oficial e Internacional de Muestras.
Junio, 23. Verbena de San Juan.
Junio, 28. Verbena de San Pedro.
Julio-Agosto. Festivales de España en Barcelona.
Septiembre. Fiestas de la Merced. Festival Internacional de Música. Ciclo de Teatro Latino. Festival Internacional de la Canción de Barcelona. Salón de la Moda Española. Congreso Internacional del Cine en color.
Noviembre. Comienza la temporada de Opera en el Gran Teatro del Liceo.
Diciembre, 25. Fiesta de Navidad.
Diciembre, 31. Fiesta de Fin de Año.

14 Booking accommodation in a hotel

This is the kind of letter you could write to a hotel to reserve accommodation for you and your family.

Bromsgrove, 11 de febrero de 1981

Hotel Coral Playa
Playa del Rastrillo
ROSAS
Gerona

Muy señor mío:
    Quisiera pasar ocho días en su hotel con
mis padres y mi hermana pequeña. Hágame
el favor de reservarnos una habitación con
cama de matrimonio y cuarto de baño para
mis padres, y otra con dos camas
individuales para mi hermana y yo, desde el
15 hasta el 21 de julio ambos inclusive.
Deseamos pensión completa. ¿Puede usted
indicarnos el precio, por favor? Dándole las
gracias por anticipado.
    Le saluda atentamente
      Su segura servidora

Rosalind Anderson

A I *If you wish to obtain a list of hotels in order to book accommodation in advance write to the Spanish National Tourist Office, 57/8 St James's Street, LONDON SW1 A1LD.*

If you wish to stay at one of the state-run paradores *you should write to the Central de Reservas de Los Paradores de España, Almagro, 36, MADRID 4.*

Deseamos una habitación
con seis camas y una cuna.

II *The following table is intended to help you book the accommodation you require:*

Quisiera reservar	una habitación	individual	
		con cama de matrimonio	con ducha
	dos habitaciones	con dos camas individuales	con cuarto de baño
		con dos camas de matrimonio	

B *Try booking the following accommodation for the dates given:*
1 A single room with a shower, August 4-11.
2 A double room with a bathroom, July 1-14.
3 Two single rooms, April 15-22.
4 One single room, one room with a double bed and shower and one room with two single beds, December 23-30.

C *Write to the Hotel Caracas, Avda de San Lorenzo, 50, ESTEPONA, Málaga, to book accommodation:*
1 Say you would like to spend a fortnight at the hotel with your parents.
2 Ask for a double room with a bathroom and a single room and give the dates.
3 Say you would like full board.
4 Ask the manager to let you know the price.
5 Thank him and end the letter in a suitable way.

Havant, 5 de enero de 1981

Camping El Garrofer,
SITGES,
Barcelona

Muy señor mío:
Quisiera reservar una plaza para una tienda grande y un coche desde el 2 hasta el 16 de agosto ambos inclusive. Somos dos adultos y dos niños de 5 y 7 años. ¿Puede usted indicarnos la tarifa por favor y decirnos si hay una piscina y una cafetería en el camping?
Le saluda atentamente

James Gregson

Sin reservas hay que esperar un rato.

A **I** *You are strongly advised to book in advance at a campsite in Spain, particularly for July and August. Charges are made per person, per vehicle, per tent/caravan. Some campsites also charge according to the size of the tent, so it is essential to include all the necessary information in your letter. The following tables are intended to help you book the accommodation you require:*

Puede usted reservarme una plaza para	una dos tres	tienda(s) caravana(s)	grande(s) pequeña(s)	y	un(a) dos	coche(s) moto(s)

Somos Soy	un adulto		y	un niño
	dos tres	adultos		dos niños
				no tenemos niños
				no tengo niños

II *Here are some of the facilities on or near the campsite that you might like to enquire about:*

unas duchas (frías/calientes) — *showers (cold/hot)*
un teléfono — *a telephone*
un buzón — *a post-box*
un restaurante — *a restaurant*
una cafetería — *a café*
unas tiendas — *shops*
unas pilas — *sinks (for washing clothes, dishes)*

un botiquín (de primeros auxilios) — *a first-aid kit*

una farmacia — *a chemist's*
un jardín de juegos — *a playground*
una sala general — *a common room*
(unos) enchufes para afeitadora — *shaver points*

B *If you want to ask about facilities at the campsite you can use the following sentence:*

¿Puede usted decirme si hay . . . en su camping?

Try asking if the following facilities are available:
1 a telephone   3 hot showers
2 a first-aid kit   4 a post-box

C **I** *Now write a letter to reserve a site for your tent and car. The following information provides an outline for you to follow:*
1 One large tent and one car from August 17-September 2.
2 Two adults and two children of eight and ten.
3 Ask if there is a playground on the site.

II *This time you are booking a site for your caravan. Write a letter, including the following points:*
1 One caravan and one car from 16-30 June.
2 Two adults and one child of five.
3 Ask whether there is a swimming pool near the campsite.

Replying to an advertisement about a job

In this letter you answer a newspaper advertisement for a job in which you are interested. You give details of yourself and enclose a testimonial written by your headmistress.

Basingstoke, 4 de marzo

Gran Vía Carlos III, 36
BARCELONA 14

Muy señora mía:
En respuesta a su anuncio en el "Telegraph" del 2 de marzo me gustaría presentarme para el puesto de niñera en su familia.
Me llamo Louise Holt y soy inglesa. Nací el 25 de enero de 1963 en Winchester y acabo de aprobar mis exámenes. Quisiera pasar un año en España antes de ir a la universidad donde espero estudiar el español. Estoy aprendiendo el español desde hace cuatro años pero nunca he visitado España. Me interesan mucho los niños — tengo dos hermanos pequeños, y me gustaría tener la ocasión de conocer España y perfeccionar mi conocomiento de la lengua española.
Mando una carta de recomendación escrita por la directora de mi colegio.
Le saluda atentamente

Louise Holt

A I *If you are interested in finding a holiday job in Spain you should write to: Vacation Work, 9, Park End Street, Oxford OX1 1HJ.*

II *When writing a job application you should include the following information:*

Surname and First Name(s)
Nationality
Permanent address in the UK
Address for correspondence (if different from above)
Date and place of birth
Marital Status
Number of dependent children
Professional and vocational training
Present occupation
Nature and duration of the post for which you are applying
How familiar you are with the Spanish language

Here is some vocabulary which might be of use when describing yourself:

Nací el 8 de noviembre de 1960 en Swansea — *I was born in Swansea on the 8th November 1960*
Soy inglés(a)/escocés(a)/galés(a)/irlandés(a) — *I am English/Scottish/Welsh/Irish*
Mi dirección permanente es . . . — *My permanent address is . . .*
Mi dirección para correspondencia es . . . — *My address for correspondence is . . .*
Estoy casado/a — *I am married*
Soy soltero/a — *I am single*
Soy estudiante/colegial(a) — *I am a student/schoolboy/girl*
Estoy aprendiendo el español desde hace tres años — *I have been learning Spanish for three years*
Acabo de terminar mis estudios secundarios — *I have just finished my secondary education/I am a school leaver*
Quisiera pasar un año/tres meses en España — *I should like to spend a year/three months in Spain*

III *The following vocabulary might also be useful when making an application for a job:*

la información	— *information, details*
una foto	— *a photograph*
una evaluación trimestral	— *an end of term report*
un curriculum vitae	— *curriculum vitae (information on education, jobs done etc)*
el salario	— *salary*
las condiciones económicas	— *salary requirements*
un título	— *a certificate*
un diploma	— *a diploma*
una referencia	— *a reference*

B I *When you write a job application you will often find it useful to be able to say what you are interested in. You could use the verb* interesar *as in the letter:*
Me interesan los niños.
   I am interested in children.

Me interesa el idioma español.
   I am interested in the Spanish language.

Now use the correct part of the Present Tense of this verb to complete the following sentences:
Me . . . los animales.
Me interesan los animales.

1   ¿Te . . . el fútbol?
2   Me . . . las lenguas.
3   Nos . . . el teatro.
4   Le . . . las novelas policíacas.
5   Me . . . viajar.

II *Look at the letter and see how to say how long you have been learning Spanish. You will notice that you use the Present Tense of the verb concerned followed by* desde hace *and the length of time:*
Estoy aprendiendo el español desde hace dos años.
   I have been learning Spanish for two years.

How would you say the following:
1   I have been studying Spanish for six years.
2   She has been learning French for three years.
3   I have been in Spain for two months.
4   We have been working here for a year.

C I *Now write an application for a job as a waiter/waitress in a hotel in Spain during the summer holidays. Make sure you include all the necessary information and say when you will be available for employment.*

II *You are in Spain and see the following advertisement for a job in a newspaper. Write a suitable letter of application:*

OFICINISTA
CON COMPANIA INTERNACIONAL

Se necesita joven - 18 a 25 años - con conocimientos de francés e inglés. Enviar curriculum vitae al

Apartado número 516, MADRID

EXAMINATION PRACTICE

Finally try these questions from past examination papers:

1 You have recently moved house. Write a letter to your aunt, describing what happened on the day of the move and the features of the new house. Express the hope that she will be able to visit you soon.
(University of Cambridge Local Examinations Syndicate. June 1979)

2 You have recently started a new job. Write a letter to a friend telling him/her what the job entails, how you managed to find it and the best and worst things about it.
(University of Cambridge Local Examinations Syndicate. June 1978)

3 Read the following letter carefully, then write in Spanish a letter from Juan in answer to it. Use not fewer than 120 words and not more than 130 words.
Count your words and state the number. Do not exceed the maximum number of words allowed.

Bilbao, 31 de diciembre

Querido Juan:
    Espero que tú y tu familia os encontréis bien. Siento no haberte escrito en tanto tiempo. El motivo de esta carta es preguntarte unas cosas sobre tu visita a Inglaterra. Como sabes, vamos a hacer un intercambio de familia el verano que viene y, aunque espero con impaciencia mi primer viaje al extranjero, estoy algo preocupado porque hablo muy poco inglés. ¿Puedes decirme que tal fueron las cosas por allí?
    ¿Cómo pasaste tu tiempo libre? ¿Me podrías aconsejar acerca de las costumbres y la vida de los ingleses?
        Un fuerte abrazo,
        Pedro

(Joint Matriculation Board Syllabus A June 1979)

---

4 Read the following letter carefully, then write in Spanish a letter from Helen which contains all the information that Juan requests. In your reply use no fewer than 80 words and no more than 90. Count your words and state the number.

Salamanca, 25 de mayo de 1978

Querida Helen:
    Te escribo para pedirte perdón. El domingo pasado fue tu cumpleaños y yo me olvidé de escribirte. Espero que no estés enfadada conmigo. Te mando un disco que es el número uno aquí. Ya me dirás si te gusta y también cómo pasaste el día de tu cumpleaños, qué hiciste y si te hicieron muchos regalos.
    Ahora ya tienes dieciocho años y pronto dejarás el instituto. ¿Qué planes tienes para el futuro? ¿Sigues pensando en ser profesora como tu tía o has cambiado de idea? Mis padres quieren que yo sea médico pero yo no quiero estudiar. ¿Crees que debo hacer lo que ellos me dicen?
    Escríbeme pronto porque me gusta mucho recibir cartas tuyas.
        Un fuerte abrazo
        Juan

(Joint Matriculation Board Syllabus B June 1978)

5 Write a letter in Spanish, about 150 words, answering Paul/Anita's questions, and in addition ask him/her if he/she still collects stamps and ask if he/she would like you to send him/her any of the latest issues.

Córdoba, 1 de febrero de 1978

Querido/querida . . . ,
        Muchas gracias por la carta que recibí la semana pasada. La noticia de tu accidente me causó gran pesar. Cuéntame cómo ocurrió.
        ¿Cómo es la vida en el hospital? ¿Comes bien? ¿Vienen a verte tus amigos? ¿Te traen revistas o chocolates?
        A pesar del accidente ¿podrás venir a España a la Semana Santa? ¿Vendrá tu hermano contigo? ¿Se parece a ti? ¿Habla español?
        ¿Tienes tantos animales domésticos en tu casa como tenías el año pasado? Háblame de ellos en tu próxima carta. ¿Quién los cuida ahora que estás en el hospital? ¿Cuesta mucho darles de comer? Contéstame pronto, por favor, y dame tus noticias.
                tu amigo/amiga
                Paul/Anita

(Southern Regional Examinations Board May 1978)

6 Write a letter in Spanish, about 150 words, answering Pepe's/María's questions. In addition, ask him/her:
   (a) will he/she be able to visit you in England;
   (b) if so, what time of year would be best;
   (c) whether you could go to Spain to visit him/her.

Valencia, 2 de mayo de 1980

Querido/querida . . . ,
        Muchas gracias por tu primera carta, pero tienes que decirme mucho más acerca de tu vida ahí. Por ejemplo ¿cómo es tu casa? Yo vivo en un piso muy pequeño del municipio. Y ¿cómo es tu pueblo?
        Supongo que tienes mucho tiempo libre. ¿Qué hiciste el fin de semana pasada? Y ¿cuándo tienes tus vacaciones durante el año? Nosotros tenemos la mayor parte de nuestras vacaciones en el verano. ¿Cómo pasaste tus vacaciones de abril?
        ¿Qué haces durante un día típico en tu instituto? Aquí tengo que estudiar muchas asignaturas que no me gustan. ¿Puedes escoger las asignaturas que quieres hacer? ¿Cuánto tiempo llevas aprendiendo el español?
        ¿Vas mucho al cine? En España vemos muchas películas inglesas y americanas. ¿Has visto alguna vez una película española?
        ¿Cuándo es tu cumpleaños y qué regalos recibiste la última vez? ¿Has notado la fecha de mi carta? Es un día importante en la historia de España. ¿Celebráis vosotros algún día histórico? Cuéntame lo que hacéis.
                Escríbeme pronto,
                un abrazo de
                Pepe/María

Reminder Do not forget to ask the three questions about visiting one another in your letter.

(Southern Regional Examinations Board May 1980)